BEI GRIN MACHT SICH IHR WISSEN BEZAHLT

- Wir veröffentlichen Ihre Hausarbeit, Bachelor- und Masterarbeit

- Ihr eigenes eBook und Buch - weltweit in allen wichtigen Shops

- Verdienen Sie an jedem Verkauf

Jetzt bei www.GRIN.com hochladen und kostenlos publizieren

Erstellung eines Strategieberichts für ein Gesundheitsstudio in Dortmund

Sascha Fischer

Bibliografische Information der Deutschen Nationalbibliothek:

Die Deutsche Nationalbibliothek verzeichnet diese Publikation in der Deutschen Nationalbibliografie; detaillierte bibliografische Daten sind im Internet über http://dnb.d-nb.de abrufbar.

ISBN: 9783346994417
Dieses Buch ist auch als E-Book erhältlich.

© GRIN Publishing GmbH
Trappentreustraße 1
80339 München

Druck und Bindung: Books on Demand GmbH, Norderstedt Germany
Gedruckt auf säurefreiem Papier aus verantwortungsvollen Quellen

Das vorliegende Werk wurde sorgfältig erarbeitet. Dennoch übernehmen Autoren und Verlag für die Richtigkeit von Angaben, Hinweisen, Links und Ratschlägen sowie eventuelle Druckfehler keine Haftung.

Das Buch bei GRIN: https://www.grin.com/document/1437809

Deutsche Hochschule für
Prävention und Gesundheitsmanagement
Hermann-Neuberger-Sportschule 3
66123 Saarbrücken

Hausarbeit

Name, Vorname	Fischer, Sascha
Studiengang	Master of Arts Sportökonomie
Studienmodul	Strategische Unternehmensführung I
Datum Präsenzphase (siehe Ergebnisdokumentation)	19.04.2023 – 21.04.2023
Aufgabe	Erstellung eines Strategieberichts für ein Gesundheitsstudio in Dortmund

Inhaltsverzeichnis

1 Darstellung der Ausgangssituation

1.1 Wahl des Standortes

Ein Unternehmen ist „ein offenes System, welches mit seiner ökonomischen, gesellschaftlichen und natürlichen Umwelt vielfältig in Beziehung steht" (Eisold, 2014). Sowohl der Beschaffungs- als auch der Absatzmarkt erfahren hierbei eine besondere Bedeutung (Eisold, 2014). Bei der Standwortwahl eines Unternehmens spielen verschiedene Aspekte eine Rolle, denn ein Großteil „der (wirtschaftlichen) Beziehungen eines Unternehmens ist standortabhängig und beeinflusst damit potenziell die Standortwahl des Unternehmens" (Eisold, 2014). Damit ein Standortfaktor für ein Unternehmens bedeutend ist, muss sich der entsprechende Faktor auf die Kosten oder Erlöse des Unternehmens auswirken und der Faktor muss sowohl hinsichtlich der Verfügbarkeit als auch der Qualität und des Preises räumlich differieren (Eisold, 2014). Eisold (2014) unterscheidet in zwei grundlegende Abhängigkeiten: Inputs (Ressourcen, Arbeitskräfte, Lieferanten, Informationsdichte) und Outputs (je nach Standort variabler Marktzugang in Bezug auf Transportkosten und Marktpotenzial). Weiterhin hängt der Erfolg eines Unternehmens auch von der Entwicklung einer Stadt oder Region ab. Eine Standortentscheidung ist „aufgrund der Vielzahl der zu berücksichtigenden Faktoren komplex und schwierig" (Eisold, 2014). Ziele von Standortstrategien liegen unter anderem in einer schnellen Markterschließung und dem Erreichen von Kundennähe (Eisold, 2014). Bei der Standortwahl müssen sowohl harte als auch weiche Standortfaktoren berücksichtigt werden. Zu den harten Standortfaktoren zählen die strukturelle Ebene (Infrastruktur, Verkehrsanbindung), die Produktionsebene (Verfügbarkeit qualifizierter Arbeitskräfte, Verfügbarkeit von geeigneten Flächen), die finanzielle Ebene (Steuern und Abgaben, Subventionen, Lohnkosten, Grundstücks- oder Mietkosten, Zugang zum Kapitalmarkt, Absatzmarkt), die räumliche Ebene (Nähe zu Zulieferern, Nähe zu Forschungseinrichtungen) und die institutionelle Ebene (Verwaltungsflexibilität und -schnelligkeit) (Eisold, 2014). Zu den weichen Standortfaktoren zählen beispielsweise „das Verhalten der öffentlichen Verwaltung oder das politischer Entscheidungsträger, die Arbeitnehmermentalität oder das Wirtschaftsklima" (Eisold, 2014). Nach Abschluss der Standortanalyse fiel die Entscheidung auf ein bereits bestehendes Gebäude in Dortmund (Westfalendamm 176). Dieser Standort bietet einige Vorteile. Aufgrund der Lage, der Infrastruktur hinsichtlich des Auto-, Bahn- und Fußverkehrs kann eine gute Erreichbarkeit des Standortes gewährleistet werden. Der Standort liegt unmittelbar an der Bundesstraße 1 im östlichen Teil Dortmunds und ist daher mit dem Auto zu erreichen. Weiterhin befinden sich die U-Bahn-Haltestellen „Voß-kuhle" und „Lübkestraße" fünf Gehminuten entfernt. Aus den umliegenden Wohngebieten ist der Standort fußläufig zu erreichen. In unmittelbarer Nähe befinden sich verschiedene andere Unternehmen, wodurch ein gewisser Publikumsverkehr gewährleistet wird. Weiterhin eignet sich der Standort, da die Konkurrenzsituation als gering einzuschätzen ist. In der Nähe (ca. 500 Meter) liegt lediglich ein Fitnessstudio. Das nächstgelegene Gesundheitsstudio befindet sich 2,6 Kilometer entfernt.

Anmerkung der Redaktion: Die Abbildung wurde aus urheberrechtlichen Gründen entfernt.

Abb. 1: Standort, Graphik 1 (Maßstab: 1cm = 50m)

Abb. 2: Standort, Graphik 2 (Maßstab: 1cm = 50m)

1.2 Beschreibung des Unternehmenstyps

Bei dem betrachteten Unternehmen handelt es sich um ein vielfältiges Gesundheitsstudio, welches zum Ziel hat, sowohl die Gesundheit von Personen wiederherzustellen oder zu erhalten als auch die körperliche und geistige Leistungsfähigkeit durch individuell aus-gerichtete Maßnahmen zu fördern und zu steigern. Das Konzept hierfür besteht aus vier Säulen, die Dienstleistungen und Produkte aus verschiedenen Fachbereichen vereinen. Die Säule der Physiotherapie steht für Verbesserungen: die physiotherapeutische Behand-lung fördert gezielt die körpereigenen Ressourcen. Hierbei werden sämtliche Funktionen von Muskeln, Gelenken, Bändern, Sehnen und Faszien wiederhergestellt und erhalten. Die Indikation für die Physiotherapie kann orthopädische, traumatologische und auch sportmedizinische Gründe haben. Das Training bildet die zweite Säule des Gesundheits-studios und zielt auf nachhaltige Gesundheitserfolge ab, wobei die Erfolge der Physio-therapie fortgesetzt und die Gesundheit erhalten wird. Das Training dient der Vorbeugung und fördert die Leistungsfähigkeit. Die dritte Säule bildet das Coaching. Beim Coaching unterstützt das Team die Personen in verschiedenen Bereichen (Ergonomie, Bewegungs-lehre, Stress- und Ernährungsmanagement), um deren individuelle Ziele planvoll errei-chen zu können. Alle Bereiche erfahren Unterstützung durch die vierte Säule: das Sani-tätshaus. Durch hochwertige und innovative Medizintechniken werden die Personen bei der Physiotherapie und im Training optimal unterstützt. Hierbei steht ein ausgewähltes

Sortiment namhafter Anbieter zur Verfügung. Durch das geschaffene Angebot möchte das Unternehmen den Menschen eine ganzheitliche Unterstützung bei Gesundheitsthemen bieten, die im näheren Umkreis noch nicht existiert. Durch die vier Säulen werden kombinierte Leistungen für maximalen Erfolg bei gleichzeitig optimaler Ressourcennutzung garantiert. Die Kundinnen und Kunden können durch das fortlaufende Training nach der Therapie am gleichen Standort weiterarbeiten. Hierdurch soll ein Wohlfühlfaktor ermöglicht werden und sie müssen nicht für die einzelnen Behandlungsabschnitte unterschiedliche Einrichtungen aufsuchen. Durch das Coaching sollen die Kundinnen und Kunden eine nachhaltige Wirkung erfahren und eine gesteigerte Qualität der Behandlung genießen. Hierbei werden alle Maßnahmen individuell angepasst und eine einheitliche Qualität garantiert. Aufgrund der genannten Merkmale fiel die Entscheidung auf das Gesundheitsstudio mit den aufgeführten Produkten und Dienstleistungen.

2 Phase der strategischen Zielplanung

2.1 Unternehmerische Vision / Mission / Grundwerte

Bei einer Vision handelt es sich um einen emotionalen Wunschtraum, welcher sich auf ein in der Zukunft liegendes Bild bezieht, und ist ebenso eine Antwort auf die Frage wer oder was das Unternehmen werden bzw. sein möchte (Welge & Al-Laham, 2012). Dabei steht diese in der Regel am Beginn einer unternehmerischen Tätigkeit und bildet die Grundlage der strategischen Planung und Umsetzung (Simon & Gathen, 2010). Die Vision soll eine Sogkraft für die Mitarbeiter und das Unternehmen haben, dabei sinnstiftend, motivierend und handlungsleitend wirken (Simon & Gathen, 2010). Sie ist als Brücke zwischen der aktuellen Situation und der Soll-Situation in der Zukunft zu verstehen. Visionen sollen einen einfachen Charakter aufweisen und sich auf das Wesentliche konzentrieren (Simon & Gathen, 2010). Um den emotionalen Wunschtraum und das Zukunftsbild des Unternehmens darzustellen, wird eine wandel- und zielfokussierte Vision gewählt: „ganzheitliche und nachhaltige Unterstützung in ihrer Gesundheit für alle". Eine Mission ist eine Berufung oder Lebensaufgabe und gibt im Kern die Antwort darauf, weshalb ein Unternehmen existiert und welchen Nutzen es bietet (Müller-Stewens & Lechner, 2011). Hierbei stehen die Fragen, was befriedigt und wer bedient werden soll, im Mittelpunkt. Die Mission des Gesundheitsstudios lautet: „alle Menschen gesund machen". Bei den Grundwerten handelt es sich um „dauerhafte, handlungsleitende Maxime", die sich in der

Vision widerspiegeln (Müller-Stewens & Lechner, 2011). Sie zeigen, wofür das Unternehmen steht:

- Einfachheit: einfacher Zugang für alle, einfache Umsetzung, einfache Organisation des Gesundheitsprozesses
- Qualität: Sichern von Qualitätsstandards hinsichtlich der Trainer, Geräte, etc.
- Verlässlichkeit: dauerhaftes, qualitativ hochwertiges Angebot
- Ganzheitlichkeit: alle Dienstleistungen des Gesundheitsprozesses an einem Ort
- Nachhaltigkeit: langfristig orientiertes Angebot

Die Vision, die Mission und die Grundwerte sind die Basis für die Steuerung der nachgeordneten Zielsetzungen und Strategien. Sie wurden gewählt, um kurz und präzise zu zeigen, für was das Unternehmen steht, welchen Zweck und Nutzen es hat und was die Ziele sind. Das Unternehmen möchte ganzheitlich sowie nachhaltig arbeiten und den Kunden eine einfach zugängliche und gleichzeitig qualitativ hochwertige Möglichkeit bieten, gesund zu werden und gesund zu bleiben. Weiterhin dienen sie der Schaffung einer einheitlichen Grundauffassung im Unternehmen und weisen eine Motivationsfunktion auf. Sie beeinflussen außerdem das Image des Unternehmens in der Öffentlichkeit.

2.2 Strategische Zielplanung

- stetige Entwicklung der Mitarbeiter durch regelmäßige Weiterbildungsmaßnahmen (mind. drei Maßnahmen pro Mitarbeiter und Jahr)
- Aufbau von Synergiepotenzialen in Form von Kooperationen mit Krankenkassen, Ärzten und stationären Einrichtungen (Aufbau von mind. drei Kooperationen innerhalb eines Jahres)
- Steigerung der Preise und Tarife um maximal zehn Prozent innerhalb von drei Jahren, um ein angemessenes Preis-Leistungs-Verhältnis anzubieten und Kunden dauerhaft zu binden
- dauerhafte Bindung an das Gesundheitsstudio (Training und Coaching) von mind. 80 % der Patienten, die die Säule der Physiotherapie erfolgreich durchlaufen haben

Die strategische Zielplanung soll unter Berücksichtigung von verschiedenen Bereichen eine bestmögliche Unterstützung rund um das Thema Gesundheit für die Kunden ermöglichen.

2.3 Branchenvergleich

Im regionalen Markt befinden sich mehrere Fitness- und Gesundheitsstudios. In unmittelbarer Nähe (ca. 500 Meter) liegen aber lediglich Fitnessstudios, die den Fokus auf Geräte- und Ausdauertraining legen. Das nächstgelegene Gesundheitsstudio befindet sich 2,6 Kilometer entfernt. Betrachtet man den überregionalen Markt, gibt es mehrere Gesundheitsstudios, die ähnliche Visionen, Missionen und Ziele formulieren. Während nahezu alle Fitnessstudios das Hauptaugenmerk auf das Kraft- und Ausdauertraining legen, orientieren sich Gesundheitsstudios mehrheitlich an einer ganzheitlichen und nachhaltigen Vorgehensweise. Da das nächstgelegene Gesundheitsstudio 2,6 Kilometer entfernt ist und somit das Einzugsgebiet für das Unternehmen im Westfalendamm 176 in Dortmund groß ist, lässt sich der Schluss ziehen, dass die Standortwahl aufgrund der niedrigen Konkurrenz ähnlicher Einrichtungen im näheren Umkreis passend ist. Weiterhin gilt es zu schlussfolgern, dass aufgrund der Übereinstimmungen von Visionen, Missionen, Grundwerten und Zielen von Gesundheitsstudios im überregionalen Markt auch diese treffend gewählt wurden und somit die strategische Analyse und Prognose auf Basis der strategischen Zielplanung durchgeführt werden kann.

3 Phase der strategischen Analyse und Prognose

3.1 Branchenstrukturanalyse

Porter entwickelte ein Modell, das „Five-Forces-Modell", welches die Marktkräfte genauer identifizieren soll. Nach Porter beeinflussen fünf Wettbewerbskräfte („five forces") die Intensität und Dynamik des Wettbewerbs (Porter, 2000). Im Folgenden werden die fünf Strukturmerkmale beleuchtet, der Einfluss auf das Unternehmen eingeschätzt sowie ein Aktionsplan unter Berücksichtigung von drei Aspekten dargestellt. Zunächst gilt es, die Lieferantenmacht und deren Verhandlungsstärke einzuschätzen. Als Lieferanten für das Unternehmen gelten Hersteller von Geräten oder medizinischen Produkten. Es besteht jederzeit eine bestimmte Auswahl an Produktanbietern, beispielsweise für die benötigten Geräte (Technogym, Life Fitness, etc.) (Gymcompany, 2023). Der Einfluss der Lieferanten wird daher als gering eingeschätzt. Die zweite Wettbewerbskraft bilden die potenziellen Konkurrenten. Die Möglichkeit, dass Konkurrenten in den bestehenden Markt eintreten, besteht jederzeit und wird durch die Eintrittsbarrieren bestimmt. Ziel des

Unternehmens ist es daher, sich von möglichen Konkurrenten abzuheben (qualitativ), um die Eintrittsbarrieren im nahen Umkreis für potenzielle Konkurrenten zu erhöhen. Dennoch sollte diese Wettbewerbskraft nicht unberücksichtigt bleiben und wird als mittelmäßig eingestuft. Die dritte Wettbewerbskraft sind die Abnehmer, in diesem Fall die Patienten bzw. Kunden. Das Unternehmen ist in jedem Falle auf die Kunden angewiesen und muss daher stets eine hohe Qualität bieten, um die Kunden zu binden. Der Verlust von Kunden würde eine große Gefahr für das Unternehmen darstellen. Aufgrund der qualitativen Standards des Unternehmens und dem zunehmenden Körper- und Gesundheitsbewusstsein der Menschen wird diese Wettbewerbskraft dennoch als gering eingestuft (Bundesministerium für Gesundheit, 2023). Als nächstes müssen potenzielle Ersatzprodukte berücksichtigt werden. Die Gefahr, dass Kunden im Hinblick auf medizinische Produkte auf Ersatzprodukte zurückgreifen besteht und wird als mittelmäßig eingeschätzt. Ziel ist daher eine optimale Anwendung der medizinischen Produkte durch die Mitarbeiter, damit die vorhandenen Produkte genutzt und mögliche Ersatzprodukte nicht herangezogen werden. Als letztes muss die Rivalität berücksichtigt werden. Da die Gesundheitsbranche stetig wächst, besteht die Gefahr von Rivalität und wird ebenfalls als mittelmäßig eingeschätzt (Bundesministerium für Gesundheit, 2023). Das Unternehmen muss daher für eine Qualitätssicherung und Kundenbindung sorgen, um sich vor möglichen Wettbewerbern in der Branche (Rivalen) zu schützen. Im Anschluss an die Analyse der fünf Wettbewerbskräfte wird der Aktionsplan kurz dargestellt. Damit sich das Unternehmen am Markt positionieren und langfristig bestehen bleiben kann, gilt es, eine Verteidigungsstrategie gegen die fünf Wettbewerbskräfte aufzubauen. Der Fokus dieser Verteidigungsstrategie liegt auf dem 4-Säulen-Modell des Gesundheitsstudios, welches im regionalen Markt nicht besteht. Eine stetige Qualitätssicherung soll dafür sorgen, dass die Kunden langfristig gebunden werden. Gleichzeitig sticht das Unternehmen durch seine Einzigartigkeit des 4-Säulen-Modells im regionalen Markt heraus. Durch entsprechendes Marketing muss das Unternehmen seinen Bekanntheitsgrad steigern, damit eine offensive Strategie verfolgen und dadurch die Eintrittsbarrieren für potenzielle Konkurrenten erhöhen und sie damit daran hindern, ähnliche Unternehmen im Umkreis aufzubauen. Weiterhin müssen die Branchentrends stetig beachtet und berücksichtigt werden. Die Mitarbeiter sollen Innovationen, Trends, neue Geräte, neue Methoden etc. stets im Blick haben, Aus- und Weiterbildungen nutzen und neue Erkenntnisse implementieren, um sich dadurch weiter von anderen Unternehmen abzuheben und diesen einen Schritt voraus zu sein.

3.2 SWOT-Analyse

Die SWOT-Analyse ist eine Kombination der Stärken-Schwächen- und Chancen-Risiken-Analyse und ist die am häufigsten angewandte Analysemethode im Zusammenhang mit Markt-Wettbewerbsanalysen (Venzin, Rasner & Mahnke, 2010). Die SWOT-Analyse besteht aus einer Umweltanalyse (externe Analyse) und der Unternehmensanalyse (interne Analyse). Im ersten Schritt werden die Stärken und Schwächen analysiert. Als Stärken gelten die qualifizierten Mitarbeiter, das Angebot verschiedener Teildisziplinen, das ganzheitliche Konzept an einem Ort, die individuelle Betreuung, das familiäre Klima und die hohe Motivation der Mitarbeiter. Zu den Schwächen zählen die geringe Berufserfahrung der Mitarbeiter, da es sich um ein junges Unternehmen handelt, die begrenzten Räumlichkeiten am Standort und die relativ hohen Personalkosten durch die intensive und individuelle Betreuung. Im zweiten Schritt werden die Chancen und Risiken analysiert. Als Chance gilt das zunehmende Körper- und Gesundheitsbewusstsein (Bundesministerium für Gesundheit, 2023), der Boom der Gesundheitsbranche (Bundesministerium für Gesundheit, 2023), die von den Kunden gewünschte individuelle Betreuung, sowie dass kein vergleichbares Angebot im nahen Umkreis besteht. Risikofaktoren sind mögliche Eröffnungen von vergleichbaren Einrichtungen im Umkreis, ein gewisser „Preisdruck" (Geräte, Hilfsmittel, Steigung der Lohn- und Unterhaltungskosten), sowie die stetigen Trends, welche Weiterbildungen notwendig machen, die wiederum Kosten verursachen. Im dritten Schritt wird die Stärken-Schwächen-Analyse mit der Chancen-Risiken-Analyse verknüpft, woraus sich die vier Felder der SWOT-Matrix ergeben. Für alle Felder werden abschließend Handlungsstrategien entwickelt (Bea & Haas, 2013).

Tab. 1: SWOT-Matrix

SWOT-Analyse	Chancen (Opportunities) - zunehmendes Körper- und Gesundheitsbewusstsein - Boom der Gesundheitsbranche - gewünschte individuelle Betreuung - fehlendes vergleichbares Angebot im näheren Umkreis	Risiken (Threats) - mögliche Neueröffnungen von vergleichbaren Einrichtungen im Umkreis - Preisdruck - Trends (Kosten)
Stärken (Strengths) - qualifizierte Mitarbeiter - Angebot verschiedener Teildisziplinen - ganzheitliches Konzept an einem Ort - individuelle Betreuung - familiäres Klima - hohe Motivation der Mitarbeiter	**S-O-Strategien:** *Stärken nutzen, Chancen nutzen* - individuelle Betreuung fokussieren und anwerben - zunehmendes Körperbewusstsein/Gesundheitsbewusstsein nutzen, um ganzheitliches Konzept an einem Ort zu etablieren	**S-T-Strategien:** *Stärken nutzen, Risiken vorbeugen* - durch ganzheitliches Konzept von potenziellen Konkurrenten abheben - Trends (notwendige Schulungen) nutzen, um Alleinstellungsmerkmal zu festigen und sich weiter abzuheben
Schwächen (Weaknesses) - geringe Berufserfahrung der Mitarbeiter (junges Unternehmen) - begrenzte Räumlichkeiten - relativ hohe Personalkosten durch individuelle und intensive Betreuung	**W-O-Strategien:** *Schwächen abbauen, Chancen nutzen* - wenig Erfahrung, junges Unternehmen: Trend des Bewusstseins mitgehen - begrenzte Räumlichkeiten: familiäre Atmosphäre schaffen	**W-T-Strategien:** *Schwächen abbauen, Risiken vorbeugen* - „wenig Erfahrung" durch stetige Aus- und Weiterbildungen abbauen, auch im Verpassen von Trends vorzubeugen - „junges Unternehmen" nutzen, um sich stets zu entwickeln und von potenziellen Konkurrenten zu distanzieren

3.3 Zielplanung

Die in Kapitel 2.2 dargestellte Zielplanung erscheint auf Grundlage der durchgeführten Branchenstrukturanalyse nach dem Five-Forces-Modell nach Porter und der SWOT-Analyse unter Berücksichtigung der Stärken, Schwächen, Chancen und Risiken als realistisch und muss daher nicht verändert werden.

4 Phase der Strategieformulierung

4.1 Strategieformulierung

Im ersten Schritt erfolgt die Strategieformulierung auf Unternehmensebene. Auf dieser Ebene muss festgelegt werden, wie sich das Unternehmen entwickeln will und wie es eine bestimmte Position am Markt erreichen bzw. erhalten möchte (Venzin et al., 2010). Hierfür stehen verschiedene Strategien zur Verfügung (Bamberger & Wrona, 2012). Zunächst verfolgt das Unternehmen die Stabilisierungsstrategie. Mit Hilfe dieser Strategie soll die erlangte Wettbewerbsposition aufrechterhalten und die Rolle am Markt gesichert werden, um sich gegenüber potenziellen Konkurrenten zu schützen (Bea & Haas, 2013). Ziel ist es, das Unternehmen zu stärken, zu etablieren und ein positives Image zu schaffen, um auch potenzielle Wettbewerber vom Markteintritt im näheren Umkreis abzuhalten. Hinsichtlich der Preispolitik möchte das Unternehmen dauerhaft stabile Preise und ein angemessenes Preis-Leistungs-Verhältnis gewährleisten. Durch eine Produkt- bzw. Leistungsdifferenzierung will sich das Unternehmen mit den angebotenen Leistungen und Produkten (4-Säulen-Modell) von Wettbewerbern abheben. Gleichzeitig soll dies jedoch kein „defensives" Verhalten darstellen, sondern lediglich der Festigung der Marktposition dienen. Im Hinblick auf die Produkt-Markt-Strategie nach Nagel und Wimmer (2009) verfolgt das Unternehmen die Strategie der Leistungsentwicklung: die neue Form der Dienstleitung – das 4-Säulen-Modell – soll auf dem bestehenden Markt (Gesundheitsmarkt) die bestehenden Zielgruppen weiter ansprechen, Dienstleistungen weiterentwickeln und mit dem ganzheitlichen Ansatz eine „Rundumversorgung" der Kunden ermöglichen. Gleichzeitig mit der Stabilisierung sollen Kräfte und Potenziale gesammelt werden, um in Zukunft „offensiv" zu agieren und ein Wachstum zu verfolgen. Das Unternehmen soll sich stetig verbessern und auch vergrößern (weitere Standorte, weitere Mitarbeiter, Implementierung weiterer Dienstleistungen), um die Markteinteile zu steigern. Auf die Strategie-formulierung auf der Unternehmensebene folgt die Formulierung der Strategien auf der Geschäftsbereichsebene. „Die Geschäftsbereichsstrategien definieren die grundsätzlich anzuwenden Verhaltensweisen in den einzelnen Produkt-Markt-Bereichen" (Welge & Al-Laham, 2012). Hierbei lassen sich verschiedene Verhaltensstrategien differenzieren. Auf Geschäftsbereichsebene verfolgt das Unternehmen die Differenzierungsstrategie, um die Qualitätsführerschaft im Umkreis zu übernehmen. Der Fokus liegt darauf, sich von potenziellen Mitbewerbern hinsichtlich der angebotenen Leistungen, der Qualität und des Service zu unterscheiden. Das 4-Säulen-Modell ist das Alleinstellungsmerkmal des Unternehmens im Umkreis (Venzin et al., 2010). Durch die angebotenen Leistungen und das Alleinstellungsmerkmal erreicht das Unternehmen einen Wiedererkennungswert. Dadurch erzielt das Gesundheitsstudio den sogenannten USP (Unique Selling Proposition), womit es sich gegenüber potenziellen Konkurrenten stärker abhebt.

4.2 Blue Ocean-Strategie

Der Grundgedanke der Blue-Ocean-Strategie ist, dass nur durch die Entwicklung innovativer und neuer Märkte (sog. blue oceans) dauerhafte Erfolge erzielt werden können (Kim & Mauborgne, 2015). Im Mittelpunkt stehen hierbei die Schaffung neuer bzw. noch nicht besetzter Märkte sowie die Annahme, dass Konkurrenz unwichtig ist und neue Nachfragen erzeugt und genutzt werden sollen. Durch die in Kapitel 4.1 dargestellte Differenzierungsstrategie wird ein USP erzeugt und eine Dienstleistung erschaffen, die in dieser Form im näheren Umkreis am Markt nicht existiert. Durch das Alleinstellungsmerkmal wird der Aspekt der Konkurrenz unwichtig und die (neue) Nachfrage nach einem ganzheitlichen Konzept an einem Ort wird bedient. Durch das 4-Säulen-Modell geht das Unternehmen einen eigenen, innovativen Weg und forciert eine neuartige Gestaltung des Gesamtangebotes. Gleichzeitig strebt das Unternehmen nach Differenzierung und niedrigen Kosten sowie einem optimalen Kundennutzen (Kim & Mauborgne, 2015). Aufgrund der aufgeführten Merkmale kann das angestrebte Geschäftsmodell möglicherweise einen „blue-ocean" in der Stadt Dortmund erschaffen.

5 Personalmanagement

5.1 Führungsverhalten

Von einer Führungskraft in diesem Unternehmen wird erwartet, dass es verschiedene „Leadership-Styles" beherrscht und hierbei situativ agiert. Um das Unternehmen stets weiterzuentwickeln und um sich an den Bedürfnissen der Kunden zu orientieren, wird in bestimmtem Maße ein partizipativer Stil erwartet (Goleman, 2000). Durch den partizipativen Stil sollen die Mitarbeiter einbezogen und beteiligt werden. Dieser Stil soll vor allem dann angewendet werden, wenn es um spezifische Problemstellungen geht, die mit der unmittelbaren Arbeit am und mit dem Kunden (beispielsweise Formen und Methoden der Physiotherapie, benötigte Hilfsmittel, Geräte etc.) zusammenhängen und vom jeweiligen Mitarbeiter kompetent eingeschätzt werden können. Der partizipative Stil soll aber nicht durchgängig angewendet werden, da einige der Mitarbeiter noch nicht erfahren genug sind, um richtungsweisende Entscheidungen zu treffen (Goleman, 2000). Weiterhin soll die Führungskraft den coachenden Stil beherrschen. Dadurch werden offene Diskussionen über Stärken und Schwächen der Mitarbeiter und des Unternehmens geführt, Entwicklungspläne erarbeitet und eine laufende Unterstützung geboten (Goleman, 2000). Da die Mitarbeiter durch ihre geringe Berufserfahrung zwar unerfahren, aber sehr motiviert sind, soll eine gemeinsame Entwicklung der Mitarbeiter und des Unternehmens forciert werden. Der coachende Stil kann sich positiv auf das Gesamtklima im Unternehmen auswirken (Goleman, 2000). Außerdem soll die Führungskraft auch visionär agieren können, wodurch die Mitarbeiter weiter angespornt und motiviert werden (Goleman, 2000). Die genannten Führungsstile sollen von der Führungskraft nach dem Ansatz von Goleman (2000) situativ angewendet werden. Hierbei muss abhängig von einer Situation agiert und reagiert und auf den jeweiligen Mitarbeiter passend vorgegangen werden. Hinsichtlich der Charakteristika muss die Führungskraft insbesondere folgende Persönlichkeitsmerkmale aufweisen: Entschlossenheit, Bescheidenheit, Bodenständigkeit, ruhiges und gleichzeitig bestimmtes Handeln, Empathie, Service- und Kundenorientierung, Vertrauenswürdigkeit und Gewissenhaftigkeit. Diese Merkmale sollen aus Sicht der Führungskraft die Basis für das Bestehen des Unternehmens bilden, ermöglichen langfristig und nachhaltig zu agieren und die gesteckten Ziele zu erreichen (Bartscher, Stöckl & Träger (2012).

5.2 Recruiting

Aufgrund der geringen Berufserfahrung der Mitarbeiter erfolgt die Personalbeschaffung hinsichtlich der Führungskräfte zunächst extern. Dadurch bestehen größere Auswahl-möglichkeiten und die Personalentwicklungskosten sind geringer und es wird ein Know-how-Zufluss erwartet (Horsch, 2000). Im ersten Schritt ist es notwendig, eine klar for-mulierte Stellenbeschreibung zu erstellen (Schmeisser, Andresen, Kaiser & Teschner, 2013). Die Stellenbeschreibung sollte unter anderem die Aufgaben und Ziele beinhalten. Im Anschluss an die Stellenbeschreibung wird ein Anforderungsprofil mit den fachlichen und persönlichen Anforderungen an den Bewerber erstellt (Schmeisser, Andresen, Kaiser & Teschner, 2013). Nach dem Eingang von Bewerbungen werden diese gesichtet und sortiert bevor ein erster Background-Check erfolgt. Ein anschließendes Bewerbungsge-spräch kann im ersten Schritt telefonisch, sollte dann aber in jedem Fall persönlich erfol-gen (Schmeisser, Andresen, Kaiser & Teschner, 2013). Für den Personalauswahlprozess eignen sich verschiedene Methoden. Das Unternehmen hat sich dazu entschieden, zu-nächst Auswahlgespräche anhand von Videotelefonie durchzuführen. Dadurch sollen so-wohl die Kernkompetenzen der Bewerber überprüft als auch ein erster persönlicher Ein-druck gewonnen werden und Werte und Motive des Bewerbers zum Vorschein kommen (Scholz, 2014). Um das künftige Verhalten der Person abschätzen zu können, eignen sich Fragen zu vorherigen Berufen (Führungserfahrung, Anzahl beruflicher Wechsel, Vorge-hen in erlebten Konfliktsituationen, etc.) und auch zukunftsbezogene Fragen (Anzahl an-gestrebter Arbeitsstunden, Ziele für das Unternehmen, persönliche Ziele) (Scholz, 2014). Im Anschluss an die ersten Auswahlgespräche wird ein sogenanntes Assessment Center, ein Verfahren zur Ermittlung und Feststellung von Verhaltensweisen, durchgeführt. Hierzu werden externe, geschulte Beobachter hinzugezogen (Dincher, 2003). Das Unter-nehmen hat sich entschiedenen, im Rahmen des Assessment Center eine führerlose Grup-pendiskussion durchzuführen. Hierbei werden die Kommunikationsfähigkeit, das Selbst-vertrauen, die Durchsetzungsfähigkeit und auch Stresstoleranz beurteilt (Dincher, 2003). Insgesamt will das Unternehmen durch die beiden Methoden möglichst viel über die Per-son und das Verhalten in unterschiedlichen Situationen erfahren. Im Anschluss an das Assessment Center werden die Erkenntnisse analysiert und eine Entscheidung getroffen. Die Bewerber erhalten daraufhin eine Zu- oder Absage (Schmeisser, Andresen, Kaiser & Teschner, 2013).

6   Literaturverzeichnis

Bamberger, I. & Wrona, T. (2012). *Strategische Unternehmensführung. Strategien, Systeme, Methoden, Prozesse* (Vahlens Handbücher der Wirtschafts- und Sozialwissenschaften, 2.). München: Vahlen.

Bartscher, T., Stöckl, J. & Träger, T. (2012). *Personalmanagement. Grundlagen, Handlungsfelder, Praxis* (Always learning). München: Pearson Studium.

Bea, F. X. & Haas, J. (2013). *Strategisches Management* (Grundwissen der Ökonomik: Betriebswirtschaftslehre, 6., vollständig überarbeitete Aufl.). Stuttgart: Lucius & Lucius.

Bundesministerium für Gesundheit (2023). *Bedeutung der Gesundheitswirtschaft*. Zugriff am 01.05.2023. Verfügbar unter: https://www.bundesgesundheitsministerium.de/themen/gesundheitswesen/gesundheitswirtschaft/bedeutung-der-gesundheitswirtschaft.html

Dincher, R. (2003). *Personalwirtschaft* (2., neu bearbeitete und erweiterte Aufl.). Neuhofen Forschungsstelle für Betriebsführung und Personalmanagement e.V.

Eisold, H. E. (2014). *Entscheidungsproblem Unternehmen – Standort. Vergleich normativer, behavioristischer und struktureller Standortanalyseansätze.* Discussion paper 2014-01, Munich School of Management. München.

Goleman, D. (2000). Leadership that gets results. *Harvard Business Review*, (März - April), 78–90.

Gymcompany (2023). *Marken und Hersteller von Fitnessgeräten*. Zugriff am 01.05.2023. Verfügbar unter: https://www.gymcompany.de/marken

Horsch, J. (2000). *Personalplanung. Grundlagen, Gestaltungsempfehlung, Praxisbeispiele*. Herne: Verlag neue Wirtschafts-Briefe.

Mauborgne, R. & Kim, C. (2015). Die Ozean-Strategie. *Harvard Business Manager*, (1), 76–86.

Müller-Stewens, G. & Lechner, C. (2011). *Strategisches Management. Wie strategische Initiativen zum Wandel führen: der St. Galler General Management Navigator* (4., aktualisierte Aufl.). Stuttgart: Schäffer-Poeschel.

Nagel, R. & Wimmer, R. (2009). *Systemische Strategieentwicklung. Modelle und Instrumente für Berater und Entscheider* (5., aktualisierte und erweiterte Auflage). Stuttgart: Schäffer-Poeschel.

Porter, M. E. (2000). *Wettbewerbsvorteile. Spitzenleistungen erreichen und behaupten* (6. Aufl.). Frankfurt: Campus.

Schmeisser, W., Andresen, M., Kaiser, S. & Teschner, E. (2013). *Personalmanagement* (UTB basics). Stuttgart: UTB.

Scholz, C. (2000). *Personalmanagement. Informationsorientierte und verhaltenstheoretische Grundlagen* (5., neubearbeitete und erweiterte Aufl.). München: Oldenbourg.

Simon, H. & Gathen, A. von der. (2010). *Das grosse Handbuch der Strategieinstrumente. Werkzeuge für eine erfolgreiche Unternehmensführung* (2. überarbeitete und erweiterte Aufl.). Frankfurt, M.: Campus.

Venzin, M., Rasner, C. & Mahnke, V. (2010). *Der Strategieprozess. Praxishandbuch zur Umsetzung im Unternehmen* (2., erw. Aufl.). Frankfurt: Campus.

Welge, M. K. & Al-Laham, A. (2012). Strategisches Management. Grundlagen – Prozessimplementierung (6.). Wiesbaden: Gabler.

7 Abbildungs- und Tabellenverzeichnis

7.1 Abbildungsverzeichnis

7.2 Tabellenverzeichnis